Die Deutsche Nationalbibliothek verzeichnet diese Publikation in der Deutschen Nationalbibliografie; detaillierte bibliografische Daten sind im Internet über http://dnb.d-nb.de abrufbar.

Dieses Buch widme ich meinem Zuckerhasen Nick und meinem süßen Patenkind Celine

Anna Weiz-Uffelmann
Was ist die große Sauerei?
ISBN 978-3-03830-037-3

Paramon® ist ein Imprint der Europäische Verlagsgesellschaften GmbH

Sie finden uns im Internet unter: www.Paramon.de

Anna Weiz-Uffelmann

Was ist die große Sauerei? Du weißt es nicht, dann schau hier rein

Entdeckt wird heut die Sauerei,
Celine und Nick sind schon dabei.
Sie zeigen dir gleich allerlei,
was es nun heißt „DIE SAUEREI".

Komm, über diese Sauerei musst du lesen,
wie hier zum Beispiel, haben sie den Hasen vergessen.
Dabei war er schon überall gewesen.
seine Spuren kann man an seinen Kötteln lesen.

Da ruft Celine: „O nein, o nein,
er muss sofort in sein Käfig rein!"

Celine mag`s gerne hübsch und fein,
natürlich alles sauber, rein.

Und Nick der neigt davon nicht ab,
und doch hält er sich gut auf Trab.

Pfuiii
Pfütze

Ja, ja die große Sauerei
ein riesen Ding, ein Überraschungsei.

was ihr findet könnt ihr behalten
wie schön goldene Kugeln
wow schau Autos!

Oh nein! Und diese Sauerei!
Flaschen, Scherben, ei, ei, ei!

Und was man hier nicht alles findet,
das sich schon aneinander bindet.

Hier herrscht ja eine Sauerei,
da ist ein Keks und das wohl Brei.

Müll

Die Sauerei, die muss jetzt fort,
dieses hier und das wohl dort.

Die Sauerei, sie ist ein Graus,
sie muss nun aus dem Häuschen raus.

Mit dieser Sauerei ist´s nun vorbei,
Celine und Nick sind schon dabei.

Mensch diese Sauerei, die lässt nicht los,
das wird ein ganz schön hartes Los!

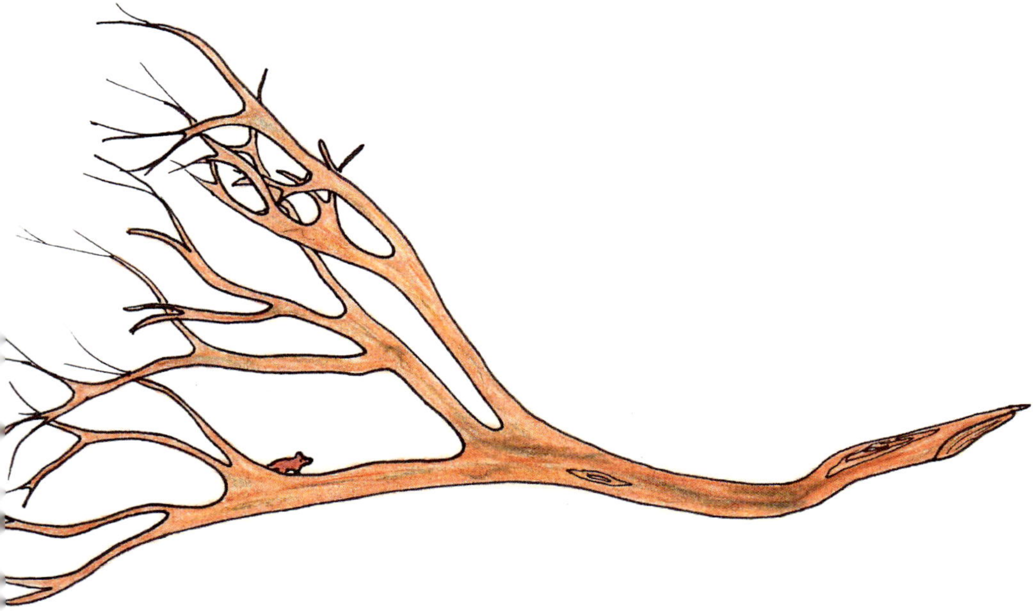

iiigiiit
hi hi hi
ha ha ha ha

O je, igitt, was ist den dass!
Die Sauerei, die macht kein Spaß!

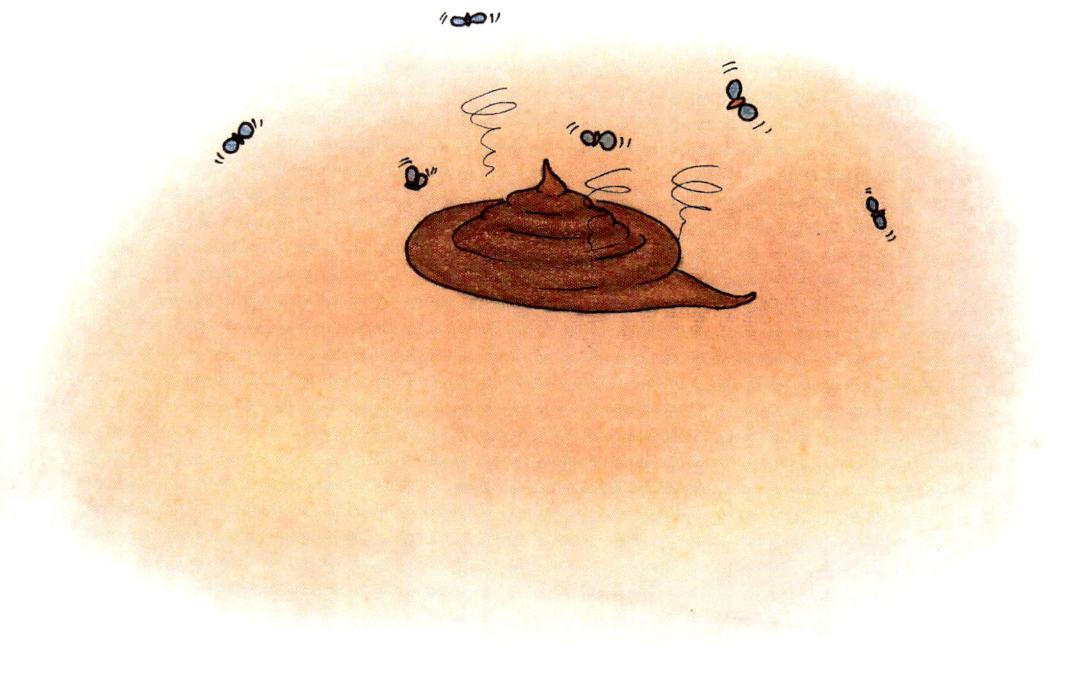

Die Macht der Sauerei ist groß,
denn, sie ist hinterm Haus der Boss.

Und hier, die Sauerei hier drin,
ergibt doch einfach keinen Sinn.

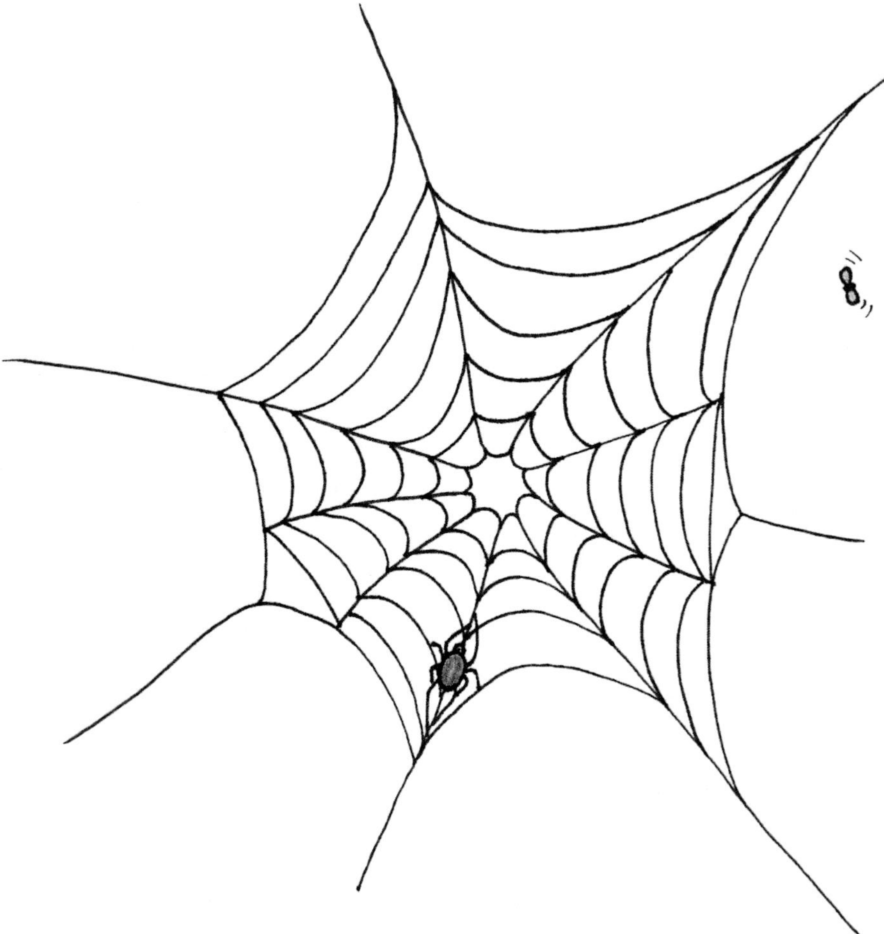

In dieser großen Sauerei,
füllt sich das Schwein ganz wohl und fein!

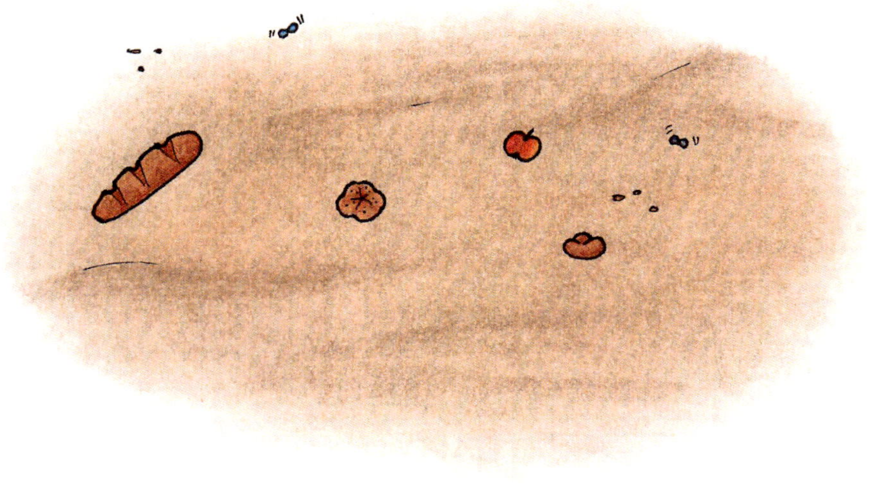